海上絲綢之路基本文獻叢書

交黎勦平事略（中）

〔明〕歐陽必進 撰

文物出版社

圖書在版編目（CIP）數據

交黎剿平事略. 中 / （明）歐陽必進撰. -- 北京 :
文物出版社, 2022.6
（海上絲綢之路基本文獻叢書）
ISBN 978-7-5010-7503-4

Ⅰ. ①交… Ⅱ. ①歐… Ⅲ. ①中國歷史一雜史一史料
一明代 Ⅳ. ①K248.104.5

中國版本圖書館 CIP 數據核字 (2022) 第 065104 號

海上絲綢之路基本文獻叢書
交黎剿平事略（中）

著　　者：〔明〕歐陽必進
策　　划：盛世博閱（北京）文化有限責任公司

封面設計：鞏榮彪
責任編輯：劉永海
責任印製：張　麗

出版發行：文物出版社
社　　址：北京市東城區東直門内北小街 2 號樓
郵　　編：100007
網　　址：http://www.wenwu.com
郵　　箱：web@wenwu.com
經　　銷：新華書店
印　　刷：北京旺都印務有限公司
開　　本：787mm×1092mm　1/16
印　　張：9.375
版　　次：2022 年 6 月第 1 版
印　　次：2022 年 6 月第 1 次印刷
書　　號：ISBN 978-7-5010-7503-4
定　　價：90.00 圓

總緒

海上絲綢之路，一般意義上是指從秦漢至鴉片戰爭前中國與世界進行政治、經濟、文化交流的海上通道，主要分爲經由黄海、東海的海路最終抵達日本列島及朝鮮半島的東海航綫和以徐聞、合浦、廣州、泉州爲起點通往東南亞及印度洋地區的南海航綫。

在中國古代文獻中，最早、最詳細記載『海上絲綢之路』航綫的是東漢班固的《漢書·地理志》，詳細記載了西漢黄門譯長率領應募者入海『齎黄金雜繒而往』之事，書中所出現的地理記載與東南亞地區相關，并與實際的地理狀況基本相符。

東漢後，中國進入魏晋南北朝長達三百多年的分裂割據時期，絲路上的交往也走向低谷。這一時期的絲路交往，以法顯的西行最爲著名。法顯作爲從陸路西行到印度，再由海路回國的第一人，根據親身經歷所寫的《佛國記》（又稱《法顯傳》）一書，詳細介紹了古代中亞和印度、巴基斯坦、斯里蘭卡等地的歷史及風土人情，是瞭解和研究海陸絲綢之路的珍貴歷史資料。

隨着隋唐的統一，中國經濟重心的南移，中國與西方交通以海路爲主，海上絲綢之路進入大發展時期。廣州成爲唐朝最大的海外貿易中心，朝廷設立市舶司，專門管理海外貿易。唐代著名的地理學家賈耽（七三〇～八〇五年）的《皇華四達記》記載了從廣州通往阿拉伯地區的海上交通『廣州通夷道』，詳述了從廣州港出發，經越南、馬來半島、蘇門答臘半島至印度、錫蘭，直至波斯灣沿岸各國的航綫及沿途地區的方位、名稱、島礁、山川、民俗等。譯經大師義净西行求法，將沿途見聞寫成著作《大唐西域求法高僧傳》，詳細記載了海上絲綢之路的發展變化，是我們瞭解絲綢之路不可多得的第一手資料。

宋代的造船技術和航海技術顯著提高，指南針廣泛應用於航海，中國商船的遠航能力大大提升。北宋徐兢的《宣和奉使高麗圖經》詳細記述了船舶製造、海洋地理和往來航綫，是研究宋代海外交通史、中朝友好關係史、中朝經濟文化交流史的重要文獻。南宋趙汝適《諸蕃志》記載，南海有五十三個國家和地區與南宋通商貿易，形成了通往日本、高麗、東南亞、印度、波斯、阿拉伯等地的『海上絲綢之路』。宋代爲了加强商貿往來，於北宋神宗元豐三年（一〇八〇年）頒佈了中國歷史上第一部海洋貿易管理條例《廣州市舶條法》，并稱爲宋代貿易管理的制度範本。

元朝在經濟上採用重商主義政策，鼓勵海外貿易，中國與歐洲的聯繫與交往非常頻繁，其中馬可·波羅、伊本·白圖泰等歐洲旅行家來到中國，留下了大量的旅行記，記録元代海上絲綢之路的盛况。元代的汪大淵兩次出海，撰寫出《島夷志略》一書，記録了二百多個國名和地名，其中不少首次見於中國著録，涉及的地理範圍東至菲律賓群島，西至非洲。這些都反映了元朝時中西經濟文化交流的豐富内容。

明、清政府先後多次實施海禁政策，海上絲綢之路的貿易逐漸衰落。但是從明永樂三年至明宣德八年的二十八年裏，鄭和率船隊七下西洋，先後到達的國家多達三十多個，在進行經貿交流的同時，也極大地促進了中外文化的交流，這些都詳見於《西洋蕃國志》《星槎勝覽》《瀛涯勝覽》等典籍中。

關於海上絲綢之路的文獻記述，除上述官員、學者、求法或傳教高僧以及旅行者的著作外，自《漢書》之後，歷代正史大都列有《地理志》《四夷傳》《西域傳》《外國傳》《蠻夷傳》《屬國傳》等篇章，加上唐宋以來衆多的典制類文獻、地方史志文獻，集中反映了歷代王朝對於周邊部族、政權以及西方世界的認識，都是關於海上絲綢之路的原始史料性文獻。

海上絲綢之路概念的形成，經歷了一個演變的過程。十九世紀七十年代德國地理學家費迪南・馮・李希霍芬（Ferdinad Von Richthofen，一八三三～一九〇五），在其《中國：親身旅行和研究成果》第三卷中首次把輸出中國絲綢的東西陸路稱爲『絲綢之路』。有『歐洲漢學泰斗』之稱的法國漢學家沙畹（Édouard Chavannes，一八六五～一九一八），在其一九〇三年著作的《西突厥史料》中提出『絲路有海陸兩道』，蘊涵了海上絲綢之路最初提法。迄今發現最早正式提出『海上絲綢之路』一詞的是日本考古學家三杉隆敏，他在一九六七年出版《中國瓷器之旅：探索海上的絲綢之路》中首次使用『海上絲綢之路』一詞；一九七九年三杉隆敏又出版了《海上絲綢之路》一書，其立意和出發點局限在東西方之間的陶瓷貿易與交流史。

二十世紀八十年代以來，在海外交通史研究中，『海上絲綢之路』一詞逐漸成爲中外學術界廣泛接受的概念。根據姚楠等人研究，饒宗頤先生是華人中最早提出『海上絲綢之路』的人，他的《海道之絲路與昆侖舶》正式提出『海上絲路』的稱謂。選堂先生評價海上絲綢之路是外交、貿易和文化交流作用的通道。此後，大陸學者馮蔚然在一九七八年編寫的《航運史話》中，使用『海上絲綢之路』一詞，這是迄今學界查到的中國大陸最早使用『海上絲綢之路』的人，更多地限於航海活動領域的考察。一九八〇年北京大學陳炎教授提出『海上絲綢之路』研究，并於一九八一年發表《略論海上絲綢之路》一文。他對海上絲綢之路的理解超越以往，且帶有濃厚的愛國主義思想。陳炎教授之後，從事研究海上絲綢之路的學者越來越多，尤其沿海港口城市向聯合國申請海上絲綢之路非物質文化遺産活動，將海上絲綢之路研究推向新高潮。另外，國家把建設『絲綢之路經濟帶』和『二十一世紀海上絲綢之路』作爲對外發展方針，將這一學術課題提升爲國家願景的高度，使海上絲綢之路形成超越學術進入政經層面的熱潮。

與海上絲綢之路學的萬千氣象相對應，海上絲綢之路文獻的整理工作仍顯滯後，遠遠跟不上突飛猛進的研究進展。二〇一八年厦門大學、中山大學等單位聯合發起『海上絲綢之路文獻集成』專案，尚在醖釀當中。我們不揣淺陋，深入調查，廣泛搜集，將有關海上絲綢之路的原始史料文獻和研究文獻，分爲風俗物産、雜史筆記、海防海事、典章檔案等六個類别，彙編成《海上絲綢之路歷史文化叢書》，於二〇二〇年影印出版。此輯面市以來，深受各大圖書館及相關研究者好評。爲讓更多的讀者親近古籍文獻，我們遴選出前編中的菁華，彙編成《海上絲綢之路基本文獻叢書》，以單行本影印出版，以饗讀者，以期爲讀者展現出一幅幅中外經濟文化交流的精美畫卷，爲海上絲綢之路的研究提供歷史借鑒，爲『二十一世紀海上絲綢之路』倡議構想的實踐做好歷史的詮釋和注脚，從而達到『以史爲鑒』『古爲今用』的目的。

凡例

一、本編注重史料的珍稀性，從《海上絲綢之路歷史文化叢書》中遴選出菁華，擬出版百册單行本。

二、本編所選之文獻，其編纂的年代下限至一九四九年。

三、本編排序無嚴格定式，所選之文獻篇幅以二百餘頁爲宜，以便讀者閱讀使用。

四、本編所選文獻，每種前皆注明版本、著者。

五、本編文獻皆爲影印，原始文本掃描之後經過修復處理，仍存原式，少數文獻由於原始底本欠佳，略有模糊之處，不影響閱讀使用。

六、本編原始底本非一時一地之出版物，原書裝幀、開本多有不同，本書彙編之後，統一爲十六開右翻本。

目録

交黎剿平事略（中）

交黎剿平事略（中）

卷二至卷三

〔明〕歐陽必進 撰

明嘉靖三十年刻本

孫敏親斬首級一顆生擒賊一名段伯俊其
下新會縣後生兵夫李健盧華梁真區進李勝
等共斬首級六顆其管下千户汪度斬首級一
顆生擒賊一名范靜千户張漢斬首級一顆生
擒賊一名范廷百户曾學斬首級一顆生擒賊
一名阮來嚮導張廷民斬首級一顆隨捕管領
藤牌手舍人王廷寬斬首級一顆生擒賊一名
黄嚋舍人王繼勳斬首級一顆生擒賊一名鄧
占舍人劉賜斬首級一顆生擒賊一名黎文囂
舍人俞志弼斬首級一顆生擒賊一名高欽隨

捕南海衛軍人蕭以望斬首級一顆生擒賊一
名阮應千户相鐸斬首級一顆生擒賊二名黄
典總旗許守成斬首級一顆生擒賊一名黄偏
欽州所小旗李應津斬首級一顆本日計共斬
首級五十七顆生擒賊首從二十三名藤牌手
打手兵夫林平陳表等奪賊大船一十三隻中
船四隻小船四隻其衝破連賊沉水賊船約十
餘隻賊勢敗散走由萬松港下船脱避水陸之
兵於本月十三日辰時齊追到思勒營地面有
賊首范子流率領徒黨鳴鑼擊鼓向來迎戰本

職望見賊勢雄整卽呼藤牌手王奇聰等自當
親斬賊首級四顆擊倒賊首范子流而生擒之
水陸兵將各皆震怒奮發藤牌手王奇聰等共
斬首級一百零五顆生擒賊高政潘伯宣黄光
贊陳乍范享鄧允執黄阻黄印周詩高清溝周
汝爲黄守范進阮有俸黄彼范榜黄春武有能
黄屈黄孟黄禮范但陳喚黄明阮敦正范子爲
黄値黄和阮生何金鐵呉諧阮子檜武能高過
三十四名指揮徐濬生擒賊首一名范瑀斬首
級一顆其部下東莞縣後生兵夫唐世明等共

斬首級一十顆生擒賊阮伯黄枝黄明佛裴皎
黄牙段金貂范智周般高體陳文禮黄曰黄農
武低鄧伯祐黄乾黄禄黄玉枕陳浪黄達裴聴
阮治鄧伯梅阮料二十三名其管下千户蔣承
勲斬首級一顆千户侯明生擒賊一名周鎰千
户周俞斬首級一顆千户談吉生擒賊一名范
淡百户井清斬首級一顆生擒賊一名范爲百
户孫弘斬首級一顆百户趙文詹生擒賊一名
黄朋鎮撫經世桊生擒賊一名黄占指揮孫敏
親斬首級一顆生擒賊一名黄試其部下新會

縣後生兵夫周無敵等共斬首級一十五顆生擒賊常願武弄黃北黃文初四名其管下千戶汪度生擒賊一名武允恭千戶張漢生擒賊一名范子德百戶曾學斬首級一顆千戶趙繼文斬首級一顆生擒賊一名黃三督領藤牌手舍人王廷寬斬首級一顆生擒賊一名陳把舍人王繼勳斬首級一顆生擒賊一名武梗舍人劉賜斬首級一顆生擒賊一名楊福舍人俞志弼斬首級一顆生擒賊一名高昂通判戴懋家丁戴文斬首級一顆戴祥斬首級一顆戴武生擒

賊一名黃玩土官男并頭目李栢趙彭年趙天
球李世興馮機李和農萬真黃鉦賓等共斬首
級四十二顆生擒賊一名武尋指揮王廷輔親
斬首級一顆生擒賊一名阮杜物總旗許守成
斬首級一顆生擒賊一名黎盃千户相鐸斬首
級一顆生擒賊一名黃友嚮導張廷民斬首級
二顆以上共斬賊首級一百九十五顆生擒賊
首從八十一名及至本日午時分賊首黎公廉
收整殘徒復來接戰本職復自當之擊倒生擒
黎公廉一名各兵仍復奮發藤牌手王哥聰等

共斬首級一十一顆生擒賊黄詮黄明范文頌
鄧結黄車霍文景吳秋陳掣武停榜九名指揮
徐濬生擒賊首一名阮軏斬首級一顆其部下
東莞縣後生兵夫錢文實等共斬首級二十六
顆生擒賊黄出阮清耑有禮黄堂黄祓阮潦黄
初七名其管下千户蔣承勳生擒賊一名耑衛
千户侯明斬首級一顆千户周俞生擒賊一名
黄邦千户談吉斬首級一顆百户井清生擒賊
一名黄丁百户孫弘生擒賊一名黄應斬首級
一顆百户趙文睿斬首級一顆鎮撫經世榮斬

首級一顆生擒賊一名黄莊指揮孫敏親斬首
級一顆生擒賊首一名黄物其部下新會縣後
生兵夫馮興等共斬首級三十一顆生擒賊陳
勤黄如金黄騎三名其管下千户汪度斬首級
一顆千户張漢斬首級一顆百户曾學生擒賊
一名鄧熙千户趙繼文斬首級一顆生擒賊一
名周諭督領藤牌手舍人王廷寬斬首級一顆
生擒賊一名梁良舍人王繼勳斬首級一顆生
擒賊一名阮帯舍人劉賜斬首級一顆生擒賊
一名黄丁舍人俞志弼斬首級一顆生擒賊首

一名范暎隨捕南海衛軍人蕭以望斬首級一顆隨捕軍人楊十才斬首級一顆生擒賊一名阮金橋隨捕軍餘楊文清斬首級一顆生擒賊一名黄典隨捕軍餘葉仁和斬首級一顆生擒賊一名阮廷保通判戴懋家丁戴文斬首級二顆戴達斬首級一顆戴祥生擒賊首一名陳宥嚴又戴武斬首級一顆土官男并頭目李栢趙彭年趙天球張梅李世興馮機李和許金農萬真黄鋌賓許文鋌馮忠梁鏡趙時春楊暹蘇昂黄誠等共斬首級一百二十八顆生擒賊首范

文梅賊從鄭斷二名指揮王廷輔親斬首級一
顆生擒賊首一名高嚴千户相鐸斬首級一顆
生擒賊一名陳有基總旗許守成斬首級一顆
生擒賊首一名范丁嚮導張廷氏斬首級一顆
欽州所小旗李應津斬首級一顆生擒賊一名
武傑以上共斬賊首級二百二十二顆生擒賊
首從四十三名本日大戰二合共計斬賊首級
四百一十七顆生擒賊首從一百二十四名藤
牌手江鷚過勇被賊傷死兵夫藤牌手林賢周
吉馬伯高舉吴祥陳濱李崑林楊陳耀魏道温

林元蘇尾謝大等共奪大船一十五隻中船一十七隻下船二隻其衝破連賊沉水賊船約二十餘隻賊勢大敗水陸之兵乘勝追逐於本月十八日巳時至河洲地方賊衆窮極水陸俱無出脫之路姑來抵戰本職呼兵齊進生擒賊一名黎達親斬賊首級四顆尚長王時習等生擒賊首一名范廷真指揮徐濬生擒賊一名阮文道斬首級一顆其部下東莞縣後生兵夫蘇日明等共斬首級六顆生擒賊武文佇黄典武文陽黄常武賞黄勝黄石武有徵黄禁裴乞魯范

福黃光佐黎福川黎肅黃文貨高袁阮綦黃熙
黃徇周文胡帛賀二十一名藤牌手王奇聰等
共斬首級三顆生擒賊高令蘇馬郭文阮福生
黎廷俊武志剛黎科陳聘楊畿武文禰武路陶
坤潘萬何愛段卒周佰興段淡黃錐黃鷂阮珖
郭文贊段伯瓜阮令黎文化二十四名其管下
千戶蔣承勲斬首級一顆生擒賊一名黃低千
戶侯明斬首級一顆生擒賊一名帛揚千戶周
俞斬首級一顆生擒賊一名阮文討千戶談吉
斬首級一顆生擒賊一名阮盃百戶年清斬首

級一顆生擒賊一名楊那百戶孫弘斬首級一
顆生擒賊一名黄清百戶趙文扆斬首級一顆
生擒賊一名阮伯峙鎮撫經世榮斬首級一顆
生擒賊首一名阮鐸指揮孫敏斬首級一顆生
擒賊首一名周物其部下新會縣後生兵夫伍
才等共斬首級三十顆生擒賊黄金精范滿黄
樞叄名其管下千戶汪度斬首級一顆生擒賊
一名阮甚千戶張漢斬首級一顆生擒賊一名
黄金百戶曾學斬首級一顆生擒賊一名范芟
覩指揮王廷輔斬首級一顆生擒賊首一名黄

福添千戶相鐸斬首級一顆生擒賊一名阮子
生總旗許守成斬首級一顆生擒賊一名黄金
傍嚮導張廷民斬首級一顆生擒賊一名劉文
鎖千户趙繼文斬首級一顆生擒賊一名黄時
督領藤牌手舍人王廷寬斬首級一顆生擒賊
首一名黎文泮舍人王繼勳斬首級一顆生擒
賊一名黄艮舍人劉賜斬首級一顆生擒賊一
名黎文泛舍人俞志弼斬首級一顆生擒賊首
一名何伯男隨捕南海衛軍人蕭以望生擒賊
一名顧伯珍隨捕軍人楊十才斬首級一顆生

擒賊一名黃祖隨捕軍餘楊文清斬首級一顆
生擒賊一名陳公替隨捕軍餘葉仁和斬首級
一顆生擒賊一名高杓土官男并頭目李栢趙
彭年趙天球李世興馮機李和許金農萬真黃
鋌寶許文鋌張梅馮忠梁鏡趙時春楊暹蘇昂
黃誠等共斬賊首級一百四十二顆欽州所小
旗李應津斬首級一顆本日計共斬賊首級二
百一十一顆生擒賊首從七十六名兵夫後生
藤牌手王奇聰等奪大船九隻中船四隻下船
五隻共餘賊船被兵衝破連賊沉水并賊被兵

殺倒淹沉河水爲之盡赤本職又督令千户相
鐸鎮撫經世業百户陳可大王詵徐世爵總旗
許守成分督狼兵藤牌手前去各山路口截殺
本月二十三日據百户陳可大觧到親斬首級
一顆生擒賊一名黄李百户王詵觧到親斬首
級一顆生擒賊一名黎伯泰百户徐世爵觧到
親斬首級一顆生擒賊一名黎歇千户相鐸送
到藤牌手劉世哲等斬首級一十一顆生擒賊
范項黎延謝黄祐高文禮黄覺潘押黄塞高兩
叚伯松周汝羅黎禄潘伯隴范青緑黄沙黄安

嚴仔細黎王無一十七名藤牌手許太在陣傷
死土官男李栢李世與趙彭年等共斬首級一
十顆二十四日據鎮撫經世業送到本官自斬
首級一顆都指揮俞大猷家丁成人美斬首級
一顆生擒賊二名黃克鮮黃檢百户陳可大送
到親斬首級一顆生擒賊一名黃箇百户王誂
斬首級一顆百户徐世爵斬首級一顆又藤牌
手何舉等共斬首級一十一顆又生擒賊黃玉
蘭劉范何文報黃超黃於黃金黃值黃求蘇廷
黃巍黃塞黃蘇阮文進黃撗鄧允穆黃兮鄧熙

載黃金榜一十八名千長禍本和斬首級四顆
禍寵斬首級三顆土官男李栢李世興趙彭年
等共斬首級二十七顆本日文椽總旗許守成
送到自斬首級一顆生擒賊首一名古伯男文
土官男李栢趙彭年李世興黃誠等共斬首級
四十一顆文椽吏目梁拱督崗長黃鳳陽同伊
姪黃世卿黃十道等送到斬首級七顆以上二
日共斬首級一百二十三顆生擒賊首從四十
二名二十五日各官兵追至萬寧州合界春蘭
地方焚賊住劄營房四千餘間其范子儀先携

妻子退出永寧社住泊聞敗走回安南內地去
訖通計自七月初九日起至二十四日止大小
交戰數合共斬賊首級八百零八顆生擒賊二
百六十五名各先通行稟報外分巡僉事陳崇
慶又會都指揮俞大猷議差指揮當志剛湛翔
百户蔡彪等督兵再去各山路口截殺續據管
領藤牌手舍人王廷寬觧到生擒賊一名黄榮
舍人王繼勲生擒賊一名陳穆舍人劉賜生擒
賊一名范勉各係七月二十五日在河洲上宅
村擒獲又於八月十八日據指揮當志剛觧到

親斬首級一顆生擒賊一名陳清指揮湛翔觧到生擒賊二名陳文流黃嚴百戶蔡彪觧到親斬首級一顆生擒賊一名黃金光各係本月初三日在羅浮東岸等處迎戰擒斬又指揮當志剛觧到生擒賊二名黃文藻黎必伸指揮湛翔觧到生擒賊一名陳力百戶蔡彪觧到首級一顆生擒賊一名鄭還各係本月初五日在羅浮西岸等處迎戰擒斬又擾指揮當志剛觧到生擒賊二名陳廟阮言百戶蔡彪觧到生擒賊二名黃出阮尭以上自七月二十五日以後共斬

賊首級三顆生擒賊一十五名湊前共計一千
九十一功級并陸續奪獲賊鏢鎗一千二百三
十二枝㽘各兵船領用鐵銃一把㽘欽州收庫
照得夷賊范子儀范子流范廷真等統領萬寧
永安各州夷黨節犯欽廉邊地殺害官軍擄掠
鄉村燒燬房屋已嘗撫按鎮廵衙門將前項緣
由會同
奏報外本職近奉軍門明文會同左叅政沈應龍
右叅議方民悅僉事陳崇慶於本年四月内大
書告示差藤牌手陳子举王仕擢前去張掛宣

布
天朝威德令各散歸聽處乃敢肆惡不悛本年五月
初五日大駕兵船進入欽州白勒港打刦該職
等統領兵船奪船一百八十九隻擒斬二十七
功級解報訖本職復於本年六月內會同通判
戴懋知州黃希白大書告示差崗長黃文愛黃
鳳陽前去張掛曉諭仍又不悛於七月初二日
復來如昔貼浪等處地方打刦今該本職統率
水陸官兵連日大戰撲殺計今賊巢已被官兵
擣焚范子儀將領巳滅徒黨巳殲逃遁安南內

地若不餓死溝壑終當爲莫宏瀷所擒欽廉地
方從此寧息等因又據分巡海北道僉事陳崇
慶呈准都指揮俞大猷開報前項功次到道行
委通判戴懋知州黃希白指揮當志剛等醃收
及另委同知趙可旦從公紀削以袪奸弊又據
千户相鐸峝長黃文愛等搜山擒獲賊人一十
二名内相鐸自擒一名黃文愛等共擒一十一
名呈觧前來併發同知趙可旦審紀通前共計
擒斬賊人賊級一千一百零三功又該本道會
同左參政沈應龍右參議方民悅都指揮俞大

猷議照各該獲功及府州縣等衙門協謀贊議
效勞官員俱應甄別目兵藤牌手兵夫人等相
應照格給賞陣亡牌手江鶚許太亦應給與棺
木以示優典以勵人心會案通呈隨據廉州府
呈報同知趙可旦丁憂又經行委海北提舉司
新任副提舉戴朝恩接造前冊及准都指揮俞
大猷手本據戶丁隨捕舍人俞志弼王廷寬王
繼勳劉賜家丁成人羨藤牌手王奇聰王宗政
小旗李應津軍餘蕭以望楊十才楊文清葉仁
和各告獲功不願賞銀後再立功補報情由在

案催據廉州府弁副提舉戴朝恩各呈繳同知
趙可旦紀驗過前獲功次手冊內開七月初九
日鎮遠州土官男趙天球舍人王繼勳各斬首
級一顆十三日舍人王廷寬總旗許守成藤牌
手鄭明黃才陳成指揮王廷輔千戶侯明百戶
孫弘舍人劉賜茗盈州土兵李實各斬首級一
顆十八日千戶周俞鎮遠州土兵農能各斬首
級一顆二十四日藤牌手陳子華斬首級一顆
通共一十五顆俱幼小削除不錄外實錄一千
零八十八功備開首從知見姓名該本道互相

對查覆覈的實合行造冊繳報等因并據僉事
陳崇慶右叅議方民悅呈議前後獲功失事人
負備開職名論列功罪緣由及據僉事陳崇慶
都指揮俞大猷呈觧生擒賊首范子流等一十
六名内開范子流原係永安州叅將偽封蕪松
溪伯范廷貞偽封都總兵純良侯黎公應原係
永安州千戶偽封副總兵永川侯高嚴偽封壘
溪伯何伯男偽封金山伯范瑞偽授叅將錢廣
和偽授千戶阮駝周物俱偽授行征總管黃福
添范丁阮鐸俱偽授叅將黃物偽授副叅將范

文梅偽封書記伯古伯男偽封貴溪伯陳宥嚴偽授吏目等因又據都指揮俞大猷廣西太平府通判戴懋會呈爲擒剿叛逆事嘉靖二十八年九月二十一日據差去爪探舍人王繼勳總小甲黃廷善尚長黃溥禓寵賫送安南都統使司應襲都統親叔莫敬典宣撫同知黎伯驪宣撫同知致仕委同征集莫敬等印信公文申稱嘉靖二十八年六月日該司應襲統主節蒙
天朝廣西太平府及督備官牌奉兩廣軍門并守廵
諸上司明文行令本司速起水陸軍兵徑出萬

寧州擒剿逆子儀黨輩限七月下旬進發等因
到司該司主已依限先差守將范瓌阮師董黎
堯惇阮唯阮玷阮冨春裴玉璟范瑶阮陣等從
水道前往瀕海衝要各處把截以塞逆子儀往
來搏食之路并該司主欲料差莫敬典宣撫同
知阮倩從陸道前往諒山路督集本路官兵進
勦新安州地分披山取道直抵萬寧州春蘭社
攻擣逆子儀窠穴適於八月初十日據見永安
州人黎文報等四名捧僉都司唄文到司備道
都司提督水陸官兵數萬見由安南永安州海

路進駐萬寧州地界見此該司主即另差阮倩
并同原差宣撫武恂黃岑及兵將阮文秩等往
督諒山路宣撫楊諫阮當并土目阮廷傑帝克
家等整點管內驍手弩手毒手兵隊進就新安
州界若莫敬典黎伯驪莫敬等督領屬將阮侃
阮銳莫育命阮進擢阮文迹等共以本月十三
日起程星夜兼行二十二日到海東府安興縣
白藤海門駐劄撥兵追趕逆子儀徒黨於海岸
各處二十四日進駐安邦宣撫治所分委范瓚
阮師董等領將先鋒兵隊追剿前賊本年九月

初二日准范瓊阮師董等馳報於八月二十六
二十七二十九日范瓊阮師董等連戰大破逆
子儀於新安萬寧等州海門源頭各處盡獲賊
船二百二十三隻斬得賊首馘三百十顆俘得
賊惡目逆祖遜逆維則及其餘黨二千三十名
數其逆子儀單身上岸走竄范瓊阮師董等猶
獵兵哨捕初五日莫敬典黎伯驪莫敬等續准
左鋒隊將黎克惇馳報本月初三日黎克惇継
前哨賊其屬將陳悰於山林險處拏獲子儀正
身解赴審驗明的等由准此莫敬典黎伯驪莫

敬等竊慮逆子儀係逆正中叛黨得罪逃竄旣
擾安南邊民又犯
天朝境界罪在不赦彼時累差兵將搜捕緣他竄近
廉欽邊界以故未敢窮追他得偷生蔓惡今蒙
軍門明委都司提兵把截他無所逃方就擒戮
瀕海邊民免遭寇害都司之功不惟安邦路民
戴之安南人感謝多矣等因備呈各到臣據此
案查先爲地方事節據廉州府并欽州申稱安
南夷賊范子儀范子流等肆逆犯順攻圍欽州
劫掠鄉村燒燬營堡殺傷官軍節經行仰該道

守廵叅將官督兵防守及陸續調發漢達官軍
目兵打手人等前去協同見在官軍團營操守
防捕并行據廣東都布按三司右布政使等官
蔡雲程等呈議保留廣東都司攺除福建都司
署都指揮僉事俞大猷仍以原銜添註廣東都
司僉書專一駐劄提調廉欽地方事寧另議陞
攺緣由前來該臣會同鎮守兩廣地方總兵官
征蠻將軍太保兼太子太保平江伯陳　一巡按
廣東監察御史黄　具本題
請保留及一面暫委本官前往欽州駐劄提調并

委廣東布政司左叅政洮應龍前去料理隨據
都指揮俞大猷稟稱夷賊范子儀等船隻在海
刦掠應調兵船防捕等因又行委海道副使黄
光昇親詣東莞新會二縣督同知縣孫學古林
騰蛟選募烏艚船并中小哨船共一百六十餘
隻兵夫共五千四百名委指揮徐濬孫敏等管
領前去聽該道守廵叅將都指揮等官相機調
度又據廉州府稟據欽州稟報嘉靖二十八年
正月十二日有夷賊約船一百餘隻兵有四五
千人四面包圍架梯攻城等因又該臣等查照

調到打手并報效目兵馳往該州截捕及督催
原募兵船速往策應并催調廣西太平府土官
目兵四千一百七十名責令該府通判戴懋親
領馳往欽州行令都指揮俞大猷等通將見在
官兵分布哨道水陸勦捕并行委廉州府同知
趙可旦專一管理糧餉續據太平府知府周允
督備龍憑地方指揮孫文繡差人齎繳安南都
統使司應襲都統莫宏瀷申稱范子儀前脅誘
正中後再別起邪謀走竄海岸竊掠邊隅罪不
可赦就今宏瀷已行委叔父莫敬典宣撫黎伯

驪莫敬等提領水船由海道進并一面轉差阮
倩督併諒山路宣撫及府衛等官紏率步騎由
山逕進合剿子儀黨輩緣盧子儀所屯聚倚向
欽州近界如極討窮追恐他或透擾
天境又重安南管轄之過宏瀷伏乞軍門行廣東海
北道守巡等官嚴督欽廉等府州調發軍兵把
截海港關隘哨堡各處要加防謹毋令子儀透
容庶該司所差目兵得便擒捕等因到臣備行
海北道守巡等官嚴督官兵加謹防截及行各
官巡歷四尙地方振揚威武招集逃移省諭安

業修葺營堡添兵防守隨據都指揮俞大猷呈
爲擒獲夷賊功次事内稱本年五月初六日申
時據欽州知州黄希白飛報安南賊船突入本
州龍門港内流刼永樂等鄉村隨該左叅政汪
應龍僉事陳崇慶知府胡鰲議行本職星馳督
率指揮徐濬孫敏及各哨千百户於初七日申
時至龍門海口把塞議將大船一哨專守龍門
海口其餘船隻分作十哨本月十一日申時各
至鳳凰江口會合當遇賊船結宗前來拒敵各
哨兵船向前追捕賊退白勒港灣劉時天近晚

本職料其更無他路可出將兵船分爲三疊攔
塞港中十二日早督率各船向前撲捕各賊駕
船前來迎敵兵船齊發衝沉當鋒賊船一隻指
揮徐濬親斬賊級一顆本官所管哨下千户周
俞督船户袁國忠船兵斬獲夷賊一顆千户談
吉督船户錢信夫船兵斬獲夷賊一顆冠帶總
旗許守成督同船户鍾德明船兵斬獲夷賊一
顆百户甘清督船户馮國富船兵斬獲夷賊一
顆百户王誂督船户謝公祿船兵斬獲夷賊一
顆鎮撫經世棻自斬夷賊一顆又督後生棻天

啓斬獲夷賊一顆指揮孫敏親斬夷賊一顆本
官管下千户汪度督總甲李健等斬獲夷賊一
顆千户張漢督總甲譚勇小甲甘勝兵夫黄信
英等斬獲夷賊二顆百户曾學督兵夫何勝馮
明胡勇等斬獲夷賊二顆千户潘鄘督兵夫李
廣李亮斬獲夷賊一顆指揮張昆同後生羅亮
斬獲夷賊一顆指揮謝昌言射斬夷賊一顆千
户潘鄘督兵夫梁勝胡勝生擒夷賊二名賊船
衝沉數多賊衆舍船登岸遯入山林弃戈遺糧
四散奔潰水陸軍兵乘勝踊躍人各奮勇指揮

謝昌言文督歸德州官男黃誠領兵盧觧雲等
由陸路追捕斬獲夷賊三顆指揮徐濬孫敏張
昆殷紹禹謝昌言李芳王廷輔胡紹勲李鑑千
户蔣承勲侯明周俞談吉潘鄺汪度張漢黎輔
陸翰王楨陳一鳳百户井清孫弘徐世爵王詵
趙文濬曾學周楠吏目梁拱冠帯總旗許守成
等各督軍兵奪獲夷賊大小共一百八十九隻
駕送左叅政沈應龍僉事陳崇慶看驗餘被兵
船亂衝沉水二十一隻不堪駕觧是夷人入寇
之船已盡數奪獲並無一隻脫遁但此方山高

林容接連不斷夷賊逃投其中本月十三十四
等日只據指揮孫敏督兵區定鄧廣追斬二級
奪回婦女一口指揮徐濬督船户鍾茂方錢應
茂鎮撫經世榮督船户馮旺兵夫黃宗興等追
逐生擒夷賊共三名通共擒斬賊人賊級二十
七名顆并奪獲銅銃三件銃箭五十四枝弓一
把鏢鎗共八百七十二枝木牌三百四十面餘
賊溺水奔山死亡數多緣由前來又該臣會本
題
知外隨據欽州稟稱四峝村分人民逃散本州出

示差老人黄昌前去會同峝長黄文愛黄鳳陽
招得漸凛等村峝民黄福愛等八十名復業訖
其餘附郭及各鄉村人民招撫回業者十之七
八等因在卷續准兵部咨爲夷賊擁衆流劫鄉
村殺死職官事該巡按廣東監察御史黄
題前事本部爲照安南地方懸隔海外宋元以
來叛服無常
國初陳氏衰絶黎季犛始肆竊據迺來黎氏又絶
莫登庸乃復效尤承封未及十年子孫遞爾不
振奸雄逆賊並作厲階阮敬立莫敷典之謀不

遂挾宏翼以號令范子儀立莫正中之計未成
循東海以遁棲勢觧計窮兵乆食盡却乃横行
劫掠既執指揮孫正而戮其軍復殺百户許鎮
而沉其屍四尚繹騷諸營焚燬若不及時勦治
將來貽患匪細事干夷情相應議處及查先次
題奉
欽依行令各該海道兵備叅將守把人員用心防範
不許怠忽縱令侵擾地方各官自合遵守嚴防
以消隱禍乃敢因循玩視縱賊横行所據失事
官員俱當查究合候

命下移咨廵撫都御史歐陽　會行總兵官陳
將本官所奏事理審時設策作速定取莫正中
等男婦一百三十五名口既已安插姑候勘明
奏奪其范子儀等夷船五十餘隻使其罪在不
赦則宜設法剪除首惡餘黨驅遂出海使其情
尚可原則宜遣回彼國或安插內地勿再縱慝
長奸久為邊海生靈之患仍一面出給榜文選
差的當人役齎揭海東地方申
朝廷殺伐利害使其悔過從新各相解散若或迷
執不悛更肆狂逆即便督兵剿捕掃蕩蠻氛以

靖海隅有功官軍照例陞賞仍查先後失事官
員參奏究治以爲怠忽邊防之戒其莫宏灝輩
情速行原委官員催勘會議明白奏
請定奪等因具題奉
聖旨這夷賊入境肆擾依擬行總鎮官設法驅勦以
安地方如怠忽失事治罪不饒欽此欽遵又准
兵部咨爲保留將官以安邊方以弭夷患事該
臣等題前事本部覆議合候
命下將俞大猷仍以原職添註廣東都司軍政僉書
專一駐劄欽廉地方操習官軍教演水戰防捕

夷賊以衞地方候事寧之日聽撫鎮等官酌量
功勞奏
請陞用遺下福建都司總督備倭員缺另行推補
本部仍移咨兩廣都御史歐陽 會行總兵
官陳 幷咨都察院轉行巡按廣東監察御史
會案將安南事情逐一查照先今節行事理上
緊督催原委官員尅期約令莫宏瀷親抵鎮南
關聽候各官審勘的實會議停當作速具奏定
奪等因具題奉
聖旨俞大猷依擬用安南事情着總鎮等官勘議回

奏欽此欽遵各備咨前來俱經通行欽遵查照

續據分巡海北道僉事陳崇慶呈據欽州禀報

都指揮俞大猷已將夷賊范子流范廷真擒斬

但范子儀先已聞風駕船遁去外洋未獲指揮

徐濬尚督兵夫追捕子儀未間都指揮俞大猷

已回防城截捕殺獲功次共計八百餘范子儀

已攜妻子徒黨走去清華府地方等因到道為

照范子流係子儀之第而廷真又係用計賊首

仰賴軍門號令俱已就擒而斬獲功級至於八

百可謂非常之功萬全之勝但各兵夫打手并

目土狼兵備歷艱險成此膚功合先犒勞以勵
人心以作士氣除將前項功次另行據實會呈
合先稟報施行等因到臣已批仰該道會同分
守官用心綜核閱驗并前後失事獲功員役分
別等第從公具由呈報以憑奏
聞施行生擒夷賊問招解詳太平官兵犒賞已行
餘官兵照酌行之以勵士心續又據分巡僉事
陳崇慶都指揮俞大猷各呈報官兵續獲功次
并幼小婦女賊屬緣由又該臣會批生擒夷賊
仰該道會同分守道審問招詳首惡解審餘賊

發廉州府牢固監候賊屬變賣價銀入官去後
又查得別卷爲明時弊申大體以裨邊政事准
兵部咨該兵科都給事中胡叔廉等題前事內
一款正功賞之議本部覆議合候
命下移咨總督撫鎮官員今後遇有地方斬獲功級
總兵官飛報捷音督撫總其功罪具實奏
聞憑按御史廉實舉劾等因題奉
聖旨都察議欽此欽遵備咨前來欽遵通行在卷今
據前因 臣 爲照安南夷賊范子儀等本以奔竄
殘孼無歸窮夷旣得假重

天朝偷生邊境乃敢輒萌窺伺數犯疆場始巢春蘭
社以窺四峝既又逾四峝以窺防城既而又窺
欽州一月之間被圍者至再至三既而又逾欽
州且深入合浦靈山等縣與廣西上石西州等
處地方屢諭罔遵縱横無忌鄉村流劫在在驚
危查得州誌永樂七年交阯賊嘗一入寇其所
被襲掠止於諸砦巡司與瀕海居民而已今則
敢肆圍州城深入山鄉實自古以來交南未有
之患地方未有之變神人之所共憤
王法之所必誅而弗可赦者也仰賴

廟謨成算示臣等以撫剿之略激將士以陞賞之典
明命赫然人人思奮前此白勒港之師賊衆扭於數
勝意以我兵雖集止於守城必不能張軍水上
以角其長技及我軍十道並進三壘截遏一鼓
而敗之至以二百餘艘之衆無隻兵寸戈得反
焉茲曾不二月之間又復率其遺虜侵掠如昔
等處地方意以我兵既集水上必不能裹糧越
山趍十數日之程以相角逐及我軍水陸並進
經十五日接戰數合賊衆斬俘將殆盡又直抵
其巢穴焚其營壘四千餘間今計先後斬獲

都總兵兼侯僞副總兵兼侯者各一僞叅將者
四僞副叅將者一僞伯者五僞行征總管者二
僞千户僞吏目者各一餘賊二百八十一名賊
級八百三十三顆賊船二百八十三隻賊器仗
二千五百零三件而塡委於山壑沉溺於海上
者不與焉卒之安南都統使司又得以乘我積
勝之餘威殲其遺孽擒其渠魁妖氛凈而地方
之患已弭誅討正而
天朝之體益尊是皆仰仗
皇上

聖武弘敷
天威遠振之所致非臣等犬馬之力所能爲也顧惟
先今失事及獲功官員例該臣覈實舉
奏則不敢不盡其愚臣查得廣東都指揮使司署
都指揮僉事俞大猷獨當一面力捍逆夷料事
機於偃息樽俎之間親矢石於鯨波島道之上
師兩出而所向無前賊已盡而我兵無損
天聲丕振於異域風猷增重於中華此其功勞顯著
所當優叙者也廣東布政司左參政沈應龍廣
東按察司巡視海道副使黄光昇各承委用頗

效勤勞或運籌帷幄而機宜允協共收白勒之功或選募兵船而纖悉曲當卒藉黑艚之利原任廣東布政司右布政使蔡雲程原任廣東按察司按察使李遂先掌司事共效議謀或督糧運於海舟賴無匱乏或募精兵於福建迄有成功此先後任事官員所當同叙者也分守雷廉高肇地方左參將馮文焯廣東布政司帯管分守海北道右參議方民悅廣東按察司整飭兵備兼分巡海北道僉事陳崇慶均有地方之責殊無備禦之方但馮文焯係新任又能聞警疾

趨致欽州之城守有賴方民悅係帶管文經分地駐劄適當崖陵之叛亂方殷惟陳崇慶責任爲專誤事獨重已經臣參劾外茲當巨寇既平之際俱有同事共濟之勞內馮文焯方民悅似應免究仍從量叙陳崇慶仍應量處者也廉州府知府胡鰲同知趙可旦欽州知州黃希白判官劉傅均有城守之寄全無先事之防但釁端起於無階事變生於不測況用兵之際各著募兵督餉城守之勞事寧之後又有招民復業安輯之績內胡鰲兼有府城之虞防禦極苦趙可旦

適當州圍之變斬獲有功此皆功足贖過似亦
免究內胡鰲趙可旦仍應量叙者也領兵廣西
太平府通判戴懋炎方初任暑月從征渡遠道
而勞苦不辭督狼兵而秋毫無犯軍中多贊畫
之謀部下茂斬獲之績此則督領有功官員所
當併叙者也原任守備廣西慶遠地方今被劾
緣事廣州右衛指揮使徐濬新會守禦千戶所
指揮僉事孫敏各承統領之寄俱遵紀律之嚴
率兵卒而奮勇爭先歷水陸而俘馘俱盛此則
統領獲功官員所當均叙者也內徐濬見提問

事情應否准贖仍行原行衙門經自查酌施行
廣州右衛指揮僉事謝昌言南海衛鎮撫經世
業右所正千户周俞百户王詵徐世爵廣州前
衛右所副千户侯明廣州後衛後所正千户談
吉廣州左衛右所正千户張漢左所百户趙文
露後所試百户魯學新會守禦千户所副千户
汪度東莞守禦千户所百户井清孫弘廉州衛
中所副千户相鐸新興守禦千户所百户陳可
大靈山千户所百户蔡彪俱先後領兵獲功官
自敘應量叙者也守把龍門海灣雷州衛指揮

僉事王廷輔哨守河洲營蕪州衛指揮僉事當
志剛中所正千户嚴綱哨守防城營蕪州衛指
揮使湛翔守把思勒營蕪州衛右所副千户胡
鎮領兵碣石衛指揮僉事胡紹勳欽州守禦千
户所副千户趙繼文南海衛中所百户朱世昌
各承重委效死爲宜乃敢避難自全偷生苟活
或營堡被其焚燒或軍兵被其殺傷揆之法典
實所難容内王廷輔續委統領獲功頗多似應
免究當志剛等功微罪重胡鎮等有罪無功均
應提究者也及照蕪州衛左所試百户許鎮守

把海口奮不顧身與賊交鋒力竭而斃其忠勇
之氣誠可嘉尚似應量加卹典以勵人心如蒙
皇上俯念邊方用人之際乞
勑該部再加查議將前項功勞顯著并有功官員酌
量陞賞有功有罪官員姑准免究或仍從量敘
量處死敵官員量與卹典其獲功官軍目兵藤
牌手兵夫家丁人等仍照例行巡按監察御史
覈實施行罪重功微并有罪無功官員行巡按
監察御史提問庶法令昭明人知懲勸將來地
方有事不患乏才而臣等區區為地方任事之

愚亦得有所持循矣再照臣欽奉
勑諭兩廣壤地相接寇賊不時出沒故於梧州府城
内開設總府居中調度行事一應軍務須與鎮
守兩廣總兵官公同計議停當而行務在同心
協謀除奸革弊以安人心欽此欽遵臣查得兩
廣自設軍門以來遇有地方盜賊生發向係提
督鎮守官於總府協同計議凡調度兵糧事宜
鎮守官亦必會行提兵征勦提督官亦必同往
至於有功
奏捷及論列功罪俱係會本題

奏相承既久以爲定規今奉前例總兵官飛報捷
音督撫總其功罪固爲分別文武責任之意但
兩廣設有總府凡干軍務事情向係會同行事
比之北邊事體似有不同所據前項捷音功罪
欲候奏
請明示至日施行緣干邊方夷情似不可緩臣等
謹遵新例各具
奏外如蒙乞
勅該部再加查議合無以後遇有地方
奏報事情容臣等查照從來舊規會本具

奏惟復別有定奪除將解到生擒夷賊就近行海
道官監問招詳陣亡牌手給與棺木原被劫掠
逃移人戶俱已先後招回復業量給牛種安集
如故其莫宏瀷承襲并莫正中等投訴各事情
仍督催兩廣司道等官勘議停當另行會本具
題外緣係平定夷賊查覈功罪以明賞罰事理未
敢擅便爲此具本請
旨
嘉靖二十八年十月　　日
欽差提督兩廣軍務兼理巡撫兵部右侍郎兼都察

院右副都御史臣歐陽　爲歲
貢事據廣西布按二司守巡左江道右參議康朗
副使徐禎分守潯梧地方左參將王寵會呈據
南寧太平二府知府王貞吉周允督備龍憑地
方指揮孫文繡呈稱各奉委行文長慶諒山府
衛轉行安南都統使司責差貢使黎光賁等齎
捧貢物至鎮南關各職於嘉靖二十八年八月
二十一日親詣開關驗秤貢物明白内有貢絹
一十四疋守候年久被水濕壞不堪責令押貢
來使阮拔萃齎回都統司換補未到其各方物

査照舊規撥夫擡至思明州下船本月二十八
日至太平府照例起關應付貢使廩糧九月十
四日到於南寧府職等具呈分巡叅將官行委
南寧府衛知府王貞吉指揮廣譽於建武驛覆
秤明白扛送書院暫住外今將貢物數目貢使
并從人姓名呈報施行
計開一進
御前金香爐花瓶四副該重二百零九兩銀盤一十
二口該重六百八十四兩沉香六十斤速香一
百四十八斤降真香三十根白木香五十件黑

線香八千株白色土絹二百疋内有十四疋壞
爛發換未到犀角二十座象牙二十枝一進
皇太子金龜金鶴各一件該重三十兩銀臺一件該
重二十兩銀香爐花瓶二副該重一百兩銀盤
四口該重二百三十二兩黒線香一千株白色
土絹五十疋一貢使二十員名宣撫司官三員
黎光賁阮禮匡楊維一通事一員阮文醫官一
員陳永清士人三名鄧茂黎允亮阮福壽從人
十二名黎壽者范時樣武金溫范灼白軫呉節
阮驌阮時中胡文純錫肯党阮文鐵陳沉文據

各官呈稱審係年例貢物及詢先差阮倩等令
差黎光賁等不同緣由各使稱說前使熟知海
東地方水陸道路莫宏瀷先已差遣追捕范子
儀未回今改差黎光賁等齎
進及稱應襲莫宏瀷係先都統使莫福海正妻潘
氏於嘉靖二十一年六月二十八日所生嘉靖
二十五年五月內莫福海病危囑付莫宏瀷謹
守
天朝原賜
勑印承襲就年十月內被阮如桂范子儀誘引庶叔

莫正中圖奪職位焚燒本司官廳房舍帶領祖
毋武氏并莫宏瀷出至上洪府下洪縣海島邊
岸去訖其
勑印原係武氏收護後因莫宏瀷外父鄧文值亦同
阮如桂等輩謀亂走出在外武氏私將
勑印交與鄧文值收貯本年十二月内莫宏瀷叔父
莫敬典并黎伯驪阮援莘阮凱康等各司官目
起兵追攻奪取武氏并莫宏瀷回司鄧文值畏
懼遂將武氏原與
勑印與妻送回該司祖毋武氏扶助莫宏瀷收捧

舊權管司事鄧文值自首回司令止削降官職
仍留別用即令莫宏瀷見存轄內和睦地方安
輯等情其龍憑二州目民農昌閉均等俱各探
報無異今據安南諒山等府衛官目繳來莫宏
瀷宗圖相同據夷使口詞深恨莫正中等投主
天朝透漏安南消息必欲重置典刑假托大義欲求
發回示衆泄忿職等見得莫正中等投主切情
難比范子儀犯邊重罪伏望查照兩廣雲貴達
官事例安置莫正中等為我邊氓等因具呈達
將莫宏瀷親供宗圖并宣撫黎伯驪莫敬楊諌

等及探訪目民農昌等各供詞憑祥龍州弁委
官各不扶結狀繳報到臣據此卷查先爲外夷
官貟病故事嘉靖二十五年十月二十二日據
督備龍憑地方廣西潯州衛指揮僉事卞爵呈
繳安南都統使司先都統使莫福海嫡子莫宏
瀷申爲告哀事内稱宏瀷親父先都統使莫福
海偶於今年四月二十八日得疹瘟疾五月初
八日疾革面屬宏瀷以克守先業敬事
天朝仍遺託該宣撫鄧文值阮如桂杜世卿黎伯驪
范金梧莫敬耆目丁伯澤阮挍萃陳氳陳恭等

同心保護宏瀷本日酉刻父福海身故其鄧文
值陝棐暨闔境官目人等共推輔宏瀷管事宏
瀷内承父命下徇衆心仍於是月初十日權統
司事謹守
天朝所原賜宏瀷先祖莫登庸父莫福海
勑書印信差遣宣撫副使阮秉謙阮倩僉事阮挺秀
棐致求周迪行等抱本奏
請襲封限八月上旬抵關進程爲此除
奏本
表文并方物數目照舊另申外申乞施行等因該前

提督兩廣軍務兼理巡撫兵部右侍郎兼左僉

都御史張　會議安南既奉

欽依革作安南都統使司宜遵兵部原議比照土官

襲替事例勘結明白奏

請承襲但其申稱該司官目共推伊子莫宏瀷管

事不見聲說是何生母所生又不開見年的有

若干歲事屬欠明係干外夷襲替重務必須查

勘明白方可施行其

奏本

表文方物

請封等項俱與原議不合應該停罷在彼候勘明
承襲日查照上年謝
恩條
貢事理另議放進入關已經會本具
題及案仰廣西都布按三司各行掌印幷左江道
守巡參將官行委南寧太平二府衛掌印官幷
督備指揮卞爵訪查安南都統使莫福海是否
於前項月日病故莫宏瀷是否莫福海嫡子要
見係是福海妻某氏於何年月日所生即今見
有若干歲應否承襲都統職事如果應該宏瀷

承襲別無違礙就便取具該司所屬宣撫官目人等供結并宏瀷親供宗圖同委官不扶重甘結狀具由通呈以憑會議具奏定奪續據督備龍憑地方指揮卞爵禀爲被夷賊燒毀安南大關事文經通行左江海北二道守巡官督屬訪查勘報續據分巡左江道僉事俞則全禀據太平府掌印知府周允南寧府推官黃晃南寧衛指揮戚章督備龍憑地方指揮卞爵禀稱會同前到龍憑二州坐待會勘莫宏瀷應否承襲已經四次移文促取所屬官目耆士人等齊赴鎮

南關聽候審勘延今日久人文俱未見到續准
該司牒呈為地方事內稱今年十月初九日姦
目鄧文值阮如桂范金梧丁伯潭等聽叛惡申
選阮文禽范子儀裴敬信等潛結黨與逼犯都
城暫出避于海陽宣撫治所本月二十九日叔
父莫敬典暨宣撫同知黎伯驪莫敬禀祖母武
氏內訓率族目耆士人莫公彥阮唯等討正姦
目鄧文值阮如桂并范子儀裴敬信等罪他並
竄死海岸十一月十二日職再回都城轄內人
民輯睦如故等因又據督備龍憑地方指揮下

爵呈爲地方事内稱前項地方聚衆擾攘近査
訪得俱係阮敬莫金鑣等見得近故都統使莫
福海男莫宏瀷年幼不與承襲管事致因聚兵
統殺清華高平等府要同歸服阮敬方繞設保
莫方瀛次男承襲都統職事等因又據廉州府
申據欽州申准安南海東府牒稱査得都統使
莫福海於嘉靖二十五年四月二十八日得疹
痘疾本年五月初八日病故其長子莫宏瀷應
襲職年方五歲諸宣撫同知鄧文值阮如桂杜
世卿黎伯驪范金梧阮邦寧丁伯潭裴敬信范

子儀武秩等同心保護弁差人齎遞文書告哀
申請緣被逆目阮敬以先都統使莫登庸義養
子得專兵柄陰蓄異圖先以其文嫁莫宏瀷親
叔莫敬典因得媚事莫敬典母武氏其阮敬見
莫宏瀷幼弱圖欲婿莫敬典管司事本年九月
二十七日阮敬託故回山西路慈廉鄉西儋社
擁兵聚衆本月三十日夜時潛使人誘莫敬典
回阮敬家十月初九日阮敬與莫敬典弁阮敬
子阮有命阮有奉及親弟阮凱康徒黨屈祭阮
曙等稱兵逼犯本司都城其鄧文值阮如桂等

不得已共扶莫宏瀷暫出避于海陽路御天縣
本月二十九日阮敬與莫敬典并其子命奉及
徒黨蘗康等以兵追脅莫宏瀷還本司都城因
此挾制幼孤擯弃舊人多樹黨與圖危莫氏又
縱兵燒掠海陽路各府縣人民騷動由是先都
統使莫登庸第二子莫正中與族人莫福山莫
大度莫履遜莫履祥莫履莫仁智莫仁浹莫文
明莫宣幷宣撫鄧文值阮如桂范金梧阮邦寧
丁伯潭裴敬信等徵集海陽山南交北安邦又
安順化各路兵共討阮敬之罪保護莫宏瀷以

安莫氏已差人馳赴鎮南關申訴被阮敬先已使其黨黃金圭遏截諒山衝要去處燒毀關隘道路梗阻不通莫正中猶分差鄧文值阮如桂阮邦寧范金梧丁伯潭裴敬信范子儀阮旭阮現等統領兵馬分道搜捕阮敬與其黨阮凱康黃金圭等待敬黨就誅轄内輯睦關隘路通即差人齎遞文書詣鎮南關交付憑祥州守關頭目轉達外合牒貴州知會轉報施行又據欽州時羅都峝長禤天縫黃瀌呈稱莫福海故衆目推扶莫宏瀷管司其莫繼中係莫登庸之子莫

方瀛之第莫福海稱之叔父莫宏瀷稱之祖叔父至二十五年十月初七日同鄧文值阮如桂統兵欲殺阮敬阮敬聚兵復進交城莫繼中鄧文值阮如桂等亦走出海陽府御天縣駐劄其莫繼中於二十六年正月初一日亦立爲都統令改名莫正中日逐相殺不寧其阮敬兵多熟旱路莫正中兵多熟水船以此未見勝敗等情到府備申前來又據欽州申爲地方事内開嘉靖二十六年六月二十日據峝長禤天縫黃燕禀稱莫文明等欲來投生本州差據巡檢楊慶

等遞到安南夷目莫文明白布旗一面上書安
南夷目投生六字并開投順男子莫文明武廷
光曾如温阮烱等大小共五十四名婦女二十
三口外詞狀一張告爲被本處大亂乞避難投
生事并據廉州府及提調欽州四峝地方廉州
衛指揮僉事孫正各呈申嘉靖二十六年七月
初九日據備倭百戶吳鑑差小旗章廷用廖洹
等并蛋老苻來住各報稱安南夷目莫正中莫
福山莫邦禎莫元賛莫元烱等駕船二隻見來
地名大頭海上等處駐劄離城約有五十餘里

連遞到安南都統使子族生白絹旗一面狀一
張開男婦五十八名口等因俱該都御史張
行據分廵海北道僉事陳崇慶呈稱親詣欽州
差千戶趙繼文等將各夷譯審據莫文明莫正
中等供稱二十六年六月初八日被阮敬加兵
古齋社追逐莫正中勢弱莫文人各走散仍到
永安州駐劄本月十八日莫正中差族人莫文
明先赴
天朝投生本月二十六日再見阮敬差兵到永安州
追逐莫正中莫福山等其勢已逼不敢擅專等

情隨於欽州商稅銀內支與各夷口糧并量處
牛酒犒賞及行廉州府於城外空閑去處搭蓋
房屋支給糧米撫養其投生男婦即行千戶相
鐸嚴縉帯領很兵護送該府安插防守及差官
伴送夷目莫文明莫正中等前赴呈乞詳審等
因又經批仰蒼梧道分巡官督同梧州府知府
翁世經太平府知府周允坐營都指揮孫瓚譯
審續據分巡左江帯管分巡蒼梧道僉事俞則
全呈據知府翁世經等呈稱譯審得莫文明等
供稱先都統使莫登庸生嫡子莫方瀛庶子莫

正中等方瀛娶正妻武氏瑇生嫡子莫福海次
子莫敬典等莫方瀛未襲先故後莫登庸亦故
莫福海承襲前職莫福海娶正妻潘氏於嘉靖
二十一年生嫡子莫宏瀷二十五年五月初八
日莫福海出痘瘡病故例應莫宏瀷聽襲彼時
申報軍門訖所有
天朝原賜
勅書付與莫宏瀷時方五歲幼係伊祖母武氏瑇
代收有本路姦目阮敬係山西石室縣人莫登
庸存日養爲義子聽信用事一向執掌兵權莫

敬典因娶阮敬女為妻阮敬向與武氏璹烝通
莫福海故後阮敬見莫宏瀷幼弱莫敬典係伊
女婿遂與各目黎國禎武公彥阮唯深相結納
又與阮如桂鄧文值杜世卿范金梧阮邦寧丁
伯潭范子儀裴敬信武秩阮現阮旭等睚眦不
睦本年十月初八日阮敬託故回伊原籍山西
石室縣慈廉鄉去交城止隔一二里至十二日
夜阮敬遣子弟請莫敬典亦赴伊營隨統率目
兵逼犯交城追逐莫宏瀷時阮如桂鄧文值范
金梧阮邦寧丁伯潭范子儀裴敬信武秩阮現

阮旭等勢不能支乃同族人莫正中與文明等
共扶莫宏瀷并毋潘氏走出海陽地方華陽處
所居住時武氏回宜陽縣都齋社殯塟莫福海
未回鄧文値等隨往都齋請武氏同伊姪武公
彥就華陽與莫宏瀷同住武氏私意將宏瀷同
回阮敬營晋武公彥在莫宏瀷營防守本月二
十八日莫文明范金梧武秩見勢不得已乃同
莫宏瀷還入交城時阮如桂等差遣防守各處
未回阮敬益瀕專擅事務文明等只得避回都
齋地方居住其阮如桂鄧文値范金梧阮邦寧

丁伯潭范子儀裴敬信武秩等意各有所不平乃辭宏瀷俱歸田里嘉靖二十六年正月內阮敬起集山西子弟并脅從交北山南一半地方部下目兵不知的數侵海陽地方燒燬民家累至逼犯都齋阮如桂鄧文值范金梧阮邦寧丁伯潭范子儀裴敬信武秩阮現阮旭等同莫正中率海陽所屬宜陽安老水棠炭山東潮金城新明永賴清河青林等縣目兵共禦之本年三月內阮敬又差兵追逐莫正中與阮如桂鄧文值阮延祚陳必聞等到安邦地方各人走散生

死未知六月二十六日阮敬又差兵追到永安
州莫正中與文明係同輩見阮敬行事犯分恐
危莫氏無所依倚帶同妻子及同事人等奔赴
天朝投生等情又據本官呈據督備龍憑地方指揮
卞爵呈據安南文淵州中稱嘉靖二十五年十
一月内官族莫正中莫文明并屬官阮如桂范
子儀裴敬信等嘯聚叛黨在於海陽地方莫正
中欲爭都統官位至二十六年五月内莫福海
子莫宏瀷差官族莫敬典并宣撫同知黎伯驪
莫敬等督率兵馬剿捕莫正中阮如桂等得獲

逆阮如桂等辭莫宏瀷尚有餘黨俱各歸服止
有莫正中莫文明范子儀裴敬信等逃往廣東
欽州邊界投生莫文明等非言妄揚欽州誤信
稟報軍門見今都統司莫宏瀷見存在司莫敬
等守護大小官民歸服聽候
天朝命令至日備貢等因該都御史張　會同鎮守
兩廣地方總兵官征蠻將軍太保兼太子太保
平江伯陳　具本題
請將莫正中莫文明莫福山等量照投降逵目事
例於廣東不近安南府縣權暫安插莫正中莫

文明莫福山三名係莫登庸的親子姪比照總
旗每月給米二石其餘同來男子每月給米一
石其柴薪各比達日减半每名每月給銀二錢
俱於在官倉庫内正支倘或身故有妻子者一
體支給及行左江海北二道分巡官查勘莫宏
瀷有無存亡先年須給
勑印見係何人捧守未報續准兵部咨爲夷目投生
事該都御史張　等題前事本部覆議合候
命下移咨提督兩廣軍務侍郎會行鎮守總兵官及
巡按廣東監察御史將夷目莫文明等照依議

處事例安插相應地方支給食米柴薪仍作速
查勘彼中事情有無安輯先年頒給
勑印見係何人捧守一面嚴行各該海道兵備守把
人員用心防範不許怠忽縱令侵擾地方候勘
報至日通將議處事宜具奏定奪等因具題奉
聖旨是安南事情着提督鎮巡等官作速查勘明實
奏來不許怠延欽此欽遵備咨前來轉行廣東
布政司欽遵將莫正中等於分定居住府縣權
暫安插支給糧米柴薪及行催左江海北二道
守巡官欽遵查勘如莫宏瀷見在各該官目者

士人等扶護宏瀷正身尅期齊赴鎮南關聽候
委官審勘承襲緣由明實取具該司所屬宣撫
官目人等歸一供結并莫宏瀷親供宗圖覆查
的確具由通呈以憑會議奏
請續於嘉靖二十七年五月二十日據督備龍憑
地方指揮戚章禀稱差據軍人謝亮等回稱訪
得莫福海生莫宏瀷號永定近於本年二月內
生疽瘡故今該司又改號景曆初年未知何人
承襲等因又行左江道守巡官併勘未報該臣
接管督催嘉靖二十七年八月二十六日據督

備龍憑地方廣西潯州衛指揮下爵呈繳安南
都統使司應襲都統使莫宏瀷申爲歲貢事內
稱莫宏瀷欽照
天朝事例安南三年一貢并査安南故事黎氏先國
王故黎灝薨歿其世子黎暉未奉襲爵仍照依
貢期差遣陪臣阮觀賢范盛黎俊懋等齎捧
奏啓本
奏箋文并方物進
貢臨時并蒙軍門委員開關行撥兵夫遞送如例
并莫宏瀷欽照先年

勑書授莫宏瀷先祖莫登庸以都統官職轉給印信
仍與子孫世襲準令脩貢欽此莫宏瀷竊慮親
父先都統使莫福海於嘉靖二十五年五月初
八日病故本月初十日莫宏瀷遵奉遺囑權統
司事累有申文齎稟軍門待為祈請襲職雖未
該奉
朝命然今恭遇
貢期莫宏瀷謹遵照先年
勑書仍倣如先國王世子故事委差宣撫同知阮倩
副使謝洵僉事阮秋光等齎捧

奏啓本
表箋文并方物已於本年四月十一日起送任關候
命望乞軍門責委諸司照舊差員前來鎮南大關限
日開鑰仍行撥兵夫遞送所差使目阮倩等得
便進程無莫宏瀷奉
上之誠幸而上達而
天朝字小之仁益以下究等因到臣看得莫宏瀷申
稱委差夷使任關俻
責乞要責委開鑰遞送起程一節查係該司應責
之期本應照例行委會官秤盤起運但查莫宏

瀷先次具申告哀
請封進
貢因與兵部原議不合駁行勘結未報續據夷目
莫正中等挼生赴訴内稱莫宏瀷年當五歲阮
敬欺其幼弱肆行稱亂追逐莫瀷等情亦節經
行查未報又查廉州府行據安南海東府牒報
與莫正中等訴稱前情大畧相同又據督備龍
憑地方指揮戚章禀稱訪得莫宏瀷於本年二
月内生痘瘡故今據該都統司申請進
貢見係應襲莫宏瀷權管司事則與前項事情迥

然不同又經行催左江道守廵叅將官速委南
寧太平二府掌印官弁督備龍憑地方指揮下
爵親詣鎮南關將該司差來宣撫同知阮倩等
會同審勘安南都統使莫福海是否於前項月
日病故莫宏瀷是否莫福海嫡子及嫡妻某氏
何年月日所生即今是否見在權管司事曾否
於何年月日患痘其權管司事見係何人扶護
原賜
勑書印信見係何人收掌該司官屬地方見今有無
和睦彼時因何燒燬關道駁行勘結因何久不

回報如無别故暫令回關聽候仍行附近長慶
諒山等府覆查明白具結申報議處續據廣東
按察司整飭兵備兼分廵海北道僉事陳崇慶
呈據廣西太平府呈送原差崗長禤天縫總旗
林清齎執安南都統使司申本道公文一角內
開應襲都統使莫宏瀷申爲地方事情事內稱
崗長禤天縫總旗林清齎來帖文該奉分廵海
北道議委指揮孫正督同禤天縫抵勘安南事
情奉此莫宏瀷竊慮宏瀷係先都統使莫福海
嫡子應該承襲緣被族惡莫正中起賊圖奪職

位賴有合司官目盡力扶持各轄路民照舊安
帖莫宏瀷今在司城捧守
勑印權統司事累有行文申禀軍門及諸上司節奉
牌文行令莫宏瀷赴鎮南關候勘莫宏瀷已委
宣撫阮按莘阮倩等賫文繳報督備龍憑指揮
戚章乞限宏瀷護將
勑印并帶領宣撫莫敬等抵關聽審而未奉依期接
臨令蒙守備指揮孫正督差禓天縱等前來查
勘莫宏瀷就便委官伴遞禓天縱等回司仍與
接見并委付耆舊官目黎伯驪陳棐等捧將

天朝原賜祖父都統銀印一顆及
勅書二道幷遞年使臣順齋
勅諭三道聽禓天縫等審看幷行令族目莫仁廣莫
大度等及各該官屬人等數百員名幷曾差稟
軍門及赴京謝
恩修
貢范光佐范正毅等及該司舊時官目前被莫正
中脅去今已回司首服應務如鄧文值范金梧
等一同前來證驗莫宏瀷即遵照來帖回文幷
奉具親供宗圖及所屬官目供結一樣四本付

禓天縫等領回仍差人護送回稟守備指揮轉
達軍門上司會照庶該司的實事情得以上達
而正中叛黨無所濔生於
天朝憲綱中等因到道查得嘉靖二十七年六月初
一日據指揮孫正呈據安南海東府官范恒心
等差隘目裴廷猷齎遞公文一角爲地方事內
稱嘉靖二十五年五月初十日該司應襲都統
使莫宏瀷遵奉先都統使莫福海遺囑權管司
事就年九月先都統使莫登庸庶孽莫正中見
莫宏瀷年幼潜與姦目阮如桂范子儀裴敬信

等謀竊都統官位舊時官目鄧文值范金梧等
并族屬莫文明等俱被他誘去作叛時該司叔
父莫敬典暨耆老官目黎伯驪莫敬等聲義討
正莫正中懼誅逃于海陽安邦路嘯衆作亂即
月該司差莫敬典等提兵攻剿阮如桂等伏誅
其黨裴敬信等并他脅去官目鄧文值等一齊
首服效順莫正中帶庶弟莫福山并族屬莫文
明等越漏
天朝廣東欽州界投任其所捏詞誣訴委是虛妄其
餘黨范子儀逃于安邦路海崖險處時或誑擾

所在邊民該司仍行委莫敬典莫敬等領兵追
剿以安地方莫宏瀷方在交城謹收掌
天朝原賜
勑印其族目莫敬典官目黎伯驪莫敬等協同心力
匡扶管理司事以安轄内民目如軍門勘龔畫
大事體恒心等不敢隱蔽伏希呈禀仍提莫正
中等正身就將所安插男婦人口依數抵鎮南
關交付諒山宣撫司領回該司處治以正亂賊
之罪等因又據廉州府并欽州申繳抄白指揮
孫正送出莫宏瀷族目莫宣等并范子儀供詞

各一本并據欽州申據峝長黄濘裼寵遞到安
南海東永安萬寧三府州會行公文一角内稱
宣撫使范子儀是安南忠藎之臣所行等事並
與莫氏匡復圖誅姦目阮敬以迎莫正中回營
夷民而已莫福海子莫宏瀷果於今年二月内
被阮敬安置别處染瘟瘴病故阮敬避居山西
三島僭爲國王僞改年號景曆等情各到道㕘
看得范子儀供詞專指莫宏瀷已故莫正中當
立犬各吠非其主理則有之及據莫宏瀷中文
并宗圖供結俱用我

朝原降印文甚爲明白可驗而宗圖枝派亦各分
析曉然况經嵩長禍天縱總旗林清親至彼中
即還遞如禮捧將
勑諭印信與各驗看而官屬莫仁廣等數百員名一
一具帖通名各申叩見仍護送出疆其視范子
儀之狠子野心敢於制縛職官僭干
國紀者萬萬不侔及范子儀止具供詞不開宗圖
結狀中間必有隱情難於顯言者况其所用印
信皆夷方僞造不成篆文自與我
朝降給者逈别再查莫宏瀷所開宗圖莫正中係

莫登庸庶生第四子莫就使莫宏瀷不在彼尚有
親弟莫敦讓以倫序推之應否莫正中承襲但
夷情重大彼譎難測合無嚴行廣西左江道從
鎮南關正路覆勘等因連將繳來宗圖供結各

一本抄白原奉
勑諭并銀印字號共六張繳到臣又據尚長福天縫
等齎繳安南都統使司應襲都統使莫宏瀷申
同前因查行間續准兵部咨為保留良將以安
邊方以弭夷患事該臣等會題保留廣東都司
改遷福建都 司署都指揮僉事俞大猷仍以原

職添註廣東都司專一駐劄欽廉地方防捕夷
賊緣由本部覆議題奉
聖旨俞大猷依擬用安南事情着總鎮等官勘議回
奏欽此欽遵備咨前來欽遵施行外又據廣西
太平府申准本府知府周允南寧府知府曾汝
檀督備龍憑地方指揮卞爵關稱各奉坐委於
嘉靖二十七年十二月十六日齊到鎮南關會
勘時諒山路宣撫武弘武當武莘亨等各至審
稱莫宏瀷見在管事
天朝

勑印係毋子收捧阮敬退休同黎伯驪阮拔萃等輔
相其范子儀刼掠海東兵多餓死等情即行諒
山長慶府并都統司速取回報隨據諒山路回
文及遞到宣撫同知黎伯驪武公彦等供詞各
稱先都統使莫福海於嘉靖三十五年五月初
八日病故遺囑嫡子莫宏瀷嫡妻潘氏於嘉靖二十一年壬
瀷的是莫福海嫡妻潘氏於嘉靖二十一年壬
寅六月日所生見今在司管事有叔莫敬典并
黎伯驪莫敬等相與扶護其
天朝原賜

勅印當在莫宏瀷掌守轄内地方俱各安輯先時燒
燬關道委是諒山路文蘭州土目黄金圭造惡
該司已正其罪其莫宏瀷親身康健別無他恙
惟舊時宣撫范子儀係莫正中叛黨竄居海岸
該司已撥軍兵征討若宣撫莫敬係義同休戚
忠實不二的無起禍圖僭莫宏瀷先已累差官
目阮倩黎光賁等捧將方物往關伏候修貢等
情備申前來節催各官會勘續又據太平府知
府周允督備龍憑地方指揮孫文繡會呈稱各
於嘉靖二十八年五月初二日齊到鎮南關勘

據該司差來宣撫阮拔萃阮倩等稱說莫宏瀷
的係莫福海嫡妻潘氏於嘉靖壬寅年六月二
十八日所生該司官目扶護捧守
天朝
勅印管事地方俱各安輯早望軍門容令通貢乞押
莫正中莫文明等到關割領回司完備族屬恩
義其從黨男婦名口亦望照舊回貫及稱貢物
先差宣撫副使黎光賁僉事阮禮匡楊維一等
齎至壽昌驛守住年月已久未蒙示下等因職
等再三細審宏瀷存亡是否其阮拔萃阮倩等

即就苦留各職駐劄龍州待其就願回司扶護
莫宏瀷限五月十五日親身到關面勘明實庶
免重煩職等思之宏瀷幼冲係是小邦之主倘
一至驗彼司未免動數千之師扶行我
天朝正係農忙之時亦未免行令思明龍州等處地
方攢兵壯威況值瘴毒之地酷暑炎蒸之際道
途之勞供給之費彼此甚是不便且今已再三
嚴審明白仍復博採輿情并與先差頭目農昌
土民閉均禓在等密察得真宏瀷實是嫡母潘
氏所生見存無疑其稱貢物見出壽昌驛等候

此乃年例之貢等因又據各官差人賫繳安南
都統使司應襲都統使莫宏瀷申爲乞奉
天憲以安地方事開稱宏瀷自受囑權事來惟遵依
天朝原降先祖父
勅諭撫理人目安靜地方比因族孽莫正中起亂於
海陽撫路合境人民聲義討之于時莫宏瀷幼
未及知今覺慮正中乃先祖都統使莫登庸庶
子圖僭作叛未必出於本心祗緣奸臣阮如桂
范子儀等之所脅誘以致惹罪然
天道好還無毫髮爽如桂果不旋踵隨即送尸正中

懼罪走透
天朝安揷然好善惡惡天下同情今
天朝旣示好生之廣該司何忍惡惡之甚宏瀷仍差
宣撫阮俊萃阮倩等前赴鎭南關聽候督備龍
憑地方指揮孫文繡太平府知府周允等會審
轉禀軍門令送正中文明等到關示下割領回
司再許備族屬以全親親之義其從黨男婦名
口亦望割還就聽照舊回貫若范子儀前節誘
正中後別起邪謀走竄海岸竊掠邊隅罪不可
赦今宏瀷已行委叔父莫敬典宣撫黎伯驪莫

敬等提領水船由海道進并轉差阮倩督併諒
山路宣撫及府衛等官糾率步騎由山逕進合
剿子儀黨輩緣慮子儀乇聚倚向欽州近界如
極討窮追恐他或透擾
天境又重安南管轄之過伏乞軍門行廣東海北道
守巡等官嚴督廉欽等府州調發官兵把截海
港關隘哨堡毋容子儀透容等因臣等又行該
道守巡等官嚴督官兵防捕及會看得知府周
允等呈稱安南都統使司年例貢物已出壽昌
驛久候但查申內開報夷使與原申夷使姓名

不同又行左江道守巡官督行太平府掌印官
并督備龍憑地方指揮孫文繡移文長慶諒山
府衛傳諭莫宏瀷原差貢使尅日齎捧貢物至
關各官親詣開關查審差來貢使因何前後開
報姓名不同是否年例脩貢如無別故即便驗
放就將貢物公同貢使點視的數暫於南寧府
建武驛住歇聽候奏
請施行去後續據都指揮俞大猷呈報安南夷賊
范子儀范子流等侵寇欽州如昔等處地方督
兵擒斬范子流等一千零八十八名顆及據呈

稱安南莫敬典黎伯驪等申報擒獲范子儀及
其黨二千餘名等因除另行具
奏外今據前因臣會同鎮守兩廣地方總兵官征
蠻將軍太保兼太子太保平江伯陳　議照安
南都統使司例該三年一貢自嘉靖二十四年
該司都統使莫福海修
貢之後至嘉靖二十七年正係
貢期莫宏瀷應襲權管司事亦已依期遣使扣關
申請時以莫正中等之訴方行體勘因懷疑畏
遂廻旁郡而未敢前者逾一年臣等查得莫宏

瀷係先都統使莫福海嫡長親男例應承襲本
無可疑莫正中等之訴亦止謂阮敬有異志且
謂莫宏瀷有變故耳今莫宏瀷旣見存權事遣
使修
貢則群疑自可釋又經两省各道勘報相同則彼
中事情似已明白况年例脩
貢係外夷所以敬事
天朝我
國家所以柔服遠人之重典今土官衙門應襲児
男未經承襲者一體修

貢則莫宏瀷雖未襲都統使職事似應比照臣等
除將莫宏瀷承襲并莫正中等勘處事情仍督
催兩廣司道各官再審勘的確會議停當另行
會本具
題外所據修
貢一節審係年例已經行據廣西太平府知府周
允督備龍憑地方指揮孫文繡臨關體勘果已
守住日久實出至誠復行該道委官驗放過關
暫於南寧府安歇恭候
明旨如蒙

勑下該部再加查議合無准照土官事例行臣等照
依年貢舊規差官伴送差來宣撫黎光賁等并
通事醫官士從人等齎捧方物赴京投
進惟復仍候莫宏瀷承襲之日另備施行緣係歲
貢事理未敢擅便爲此具本請
旨
嘉靖二十八年十月　日
欽差提督兩廣軍務兼理巡撫兵部右侍郎兼都察
院右副都御史臣歐陽　爲擒斬獲叛賊事
據安南都統使司應襲都統莫宏瀷申蒙

天朝廣西南寧府知府王貞吉太平府知府周允暫
管督備龍憑地方守備慶遠以都指揮體統行
事指揮孫文繡等官牒文俱奉兩廣軍門會牌
備行到司莫宏瀷遵照案查先蒙督備龍憑地
方指揮孫文繡會同太平府知府周允來文行
令宏瀷起兵徑出萬寧州務將逆賊范子儀等
并各餘黨擒斬盡絕解報等因莫宏瀷遵依差
委叔父莫敬典宣撫黎伯驪莫敬等領兵前去
安邦海岸擒殺逆子儀等輩間續奉兩廣軍門
差委僉都司督領

天兵數萬前來萬寧永安等地方追殺范子儀等輩
當陣擒獲徒黨范子流范廷真等二百九十二
名殺獲賊級八百一十一顆彼時莫宏瀷又掌
太平府知府周允督備龍憑地方指揮孫文繡
來文節行查催務在擒殺范子儀等觧報宏瀷
仍行督催叔父莫敬典宣撫黎伯驪莫敬等立
限嚴率各該將目阮唯范瓊阮師董黎克惇阮
鋭等蹤踪跟至河檜山源於舊年八月二十六
二十七至九月初三初四等日范瓊阮師董阮
倪莫有命阮晋擢裴玉璿等連戰大破逆子儀

黨輩臨時阮唯首拿獲潘維則有阮準阮德聰
等從并范瑶在傍見證阮鋭首拿獲黄祖遜有
周喬劉欣等從并阮文逈在傍見證蔡克惇又
首拿獲逆子儀正身有陳琮武文蘭等從并范
有數陳馨等同陣見證其逆子儀等於擒獲時
徧身刀創痛楚而死不即生解緣安南自古及
今未慣知
天朝解功體例以此止取首級不取小功若前項首
級委係叛賊范子儀潘維則黄祖遜等真正頭
面醃函付官目阮盤柱必教阮度阮子瓊等領

解投獻軍門閱驗其族惡莫萱於陣敗時前來
投首隨釋其罪首謀逆貴和與各餘黨三百一
十餘名臨時殺沒于海尚有二千三十九名口
查係萬寧永安等州各村分土民審果當時各
被范子儀流叛勢逼強從幸今脫生俱各向官
招集復業范子儀等妻子俱各死沒無存轄内
人民各賴
朝廷
洪恩安輯無虞今蒙前因遵依查明合就申報軍門
伏乞施行等因到臣據此案查先為地方事節

據廣東廉州府并欽州申稱安南夷賊范子儀
范子流等肆逆犯順攻圍欽州刧掠鄉村燒毀
營堡殺傷官軍節經行仰該道守巡參將官督
兵防守及陸續調撥漢達官軍目兵打手人等
前去恊同見在官軍團營操守防捕并行據廣
東都布按三司右布政使等官蔡雲程等議呈
保留廣東都司改除福建都司署都指揮僉事
俞大猷仍以原銜添註廣東都司僉書專一駐
劄提調廉欽地方事寧另議陞改緣由前來該
臣等會本題

請保留及一面暫委本官前往欽州駐劄提調并
委廣東布政司左參政沈應龍前去料理隨據
都指揮俞大猷禀稱夷賊范子儀等船隻在海
刦掠應調兵船防捕等因又行委廣東按察司
巡視海道副使黃光昇親詣東莞新會二縣督
同知縣孫學古林騰蛟選募烏艚橫江船并中
小哨船及兵夫委指揮徐濬孫敏等管領前去
聽該道守巡參將都指揮等官相機調度又據
廉州府禀據欽州禀報嘉靖二十八年正月十
二日有夷賊約船一百餘隻兵有四五千人四

面包圍架梯攻城等因又該臣等查㕘打手目
兵馳往該州截捕及督催原募兵船速往策應
并催調廣西太平府土官目兵責令該府通判
戴懋親領馳往欽州行令都指揮俞大猷等適
將見在官兵分布哨道水陸勦捕及行委廉州
府同知趙可旦專一管理糧餉續據太平府知
府周允督備龍憑地方指揮孫文繡差人齎繳
安南都統使司應襲都統莫宏瀷申稱范子儀
前脅誘正中後再别起邪謀走竄海岸竊掠邊
隅罪不可赦就令宏瀷巳行委叔父莫敬典宣

撫黎伯驪莫敬等提領水船由海道進并一面
轉差阮倩督併諒山路宣撫及府衛等官糾率
步騎由山徑進合剿子儀黨蕫緣慮子儀所屯
聚倘向欽州近界如極討窮追恐他透擾
天境又重安南管轄之過宏灝伏乞軍門行廣東海
北道守巡等官嚴督廉欽等府州調撥軍兵把
截海港關隘哨堡各處要加防謹毋令子儀透
容庇該司所差目兵得便擒捕等因又經備行
海北道守巡等官嚴督官兵加謹防截及行左
江守巡叅將等官并太平南寧二府督備龍憑

指揮孫文繡移文長慶諒山等府衛傳諭莫宏
瀷督發兵船速出萬寧州等處追捕務獲逆賊
范子儀等觧報又據都指揮俞大猷呈報獲功
緣由臣等會本題
知續准兵部咨爲夷賊擁衆流刦鄉村殺死職官
事該廵按廣東監察御史黄　題前事本部
覆議題奉
聖旨這夷賊入境肆擾依擬行總鎮官設法驅勦以
安地方如怠忽失事治罪不饒欽此欽遵又准
兵部咨爲保留將官以安邊方以弭夷患事該

臣等題前事本部覆議具題奉
聖旨俞大猷依擬用安南事情着總鎮等官勘議回
奏欽此欽遵各備咨前來俱經通行欽遵查照
續又爲平定夷賊查覈功罪以明賞罰事該臣
等將都指揮俞大猷等督兵續獲功次緣由會
本具
題隨又據安南都統使司應襲都統莫宏瀷申爲
擒斬獲叛賊事內稱蒙
天朝廣西太平府知府周允督備龍憑指揮孫文繡
等官來文奉守巡二道牌奉兩廣軍門會牌行

令莫宏瀷速調官兵徑出萬寧州擒勦逆賊范子儀等正身并各餘黨務在盡絕以正法紀蒙此莫宏瀷查照已於嘉靖二十八年五月十八日差官范瓊黎克惇阮師董范瑶阮陣等從水道追勦范子儀等於禁滕海門范子儀敗刃棄船率帶餘黨逃走安邦海岸收獲水船一百五十餘隻七月八月又蒙知府周允指揮孫文繡牌文節次嚴督催殺范子儀等作急解報轉解軍門毋得坐視莫宏瀷遵委叔父莫敬典宣撫黎伯驪莫敬等總領屬將阮侃阮銳莫有命阮

晉擢阮文迎等率領水兵由海道進屡蒙知府
周允等官明文督催莫宏瀷又差宣撫阮倩武
恂督催諒山路宣撫楊諫阮當譚志阮崇回并
府衛官杜士薦阮廷傑常克家杜公朗等隨領
步兵由山逕進合勦間續蒙軍門差俞都司督
領天兵追至萬寧永安地方節次敵殺子儀等
敗走莫宏瀷仍督催叔父莫敬典并黎伯驪莫
敬等立限進兵自禁江白藤等海門至新安萬
寧等州海岸合攻大破其族悪莫宣向前投首
隨釋其罪同悪阮貴和并餘黨三百一十餘名

盡殺沉沒于海范子儀等勢罷棄船上岸走險
又蒙知府周允等明文再四查催務要擒殺解
報莫宏瀷遵依急行叔父莫敬典并黎伯驪莫
敬嚴限黎克惇陳琮等分兵蹤踪跟至萬寧州
河楡山源處九月初三初四逐日當陣擒獲潘
維則黄祖遜及連追擒獲范子儀正身其逆子
儀潘維則黄祖遜於擒獲時並身被刀創痛楚
而死不即生解仍函各首委付官目阮盤扗必
教阮度通事阮子琅等須解由鎮南大關聽候
開關驗放投献軍門施行等因前來臣等當將

解到各賊首級發仰分守雷廉高肇地方左叅
將馮文焯會同中軍坐營都指揮錢希賢督同
雷州府掌印官審驗隨據各官呈稱會同親驗
得一顆左耳被刀傷鈌上截鬚鬢與髮俱存一顆
無傷痕微鬚鬢與髮俱存上唇石灰醃裂一顆無
傷痕牙鬚鬢與髮俱存各無小功取具督備指揮
孫文繡官目阮盤杜必教等及仵作各不扶結
狀繳報前來該臣等會看得逆賊范子儀等潛
住邉界率黨叐亂數犯欽州悖逆天常已經軍
門委官驅勦循得脫逃該都統使司乃能遵奉

明檄督兵擒獲函首來獻誠可嘉尚但軍門見
行驗功體例凡首級必連小功及開報斬獲首
從見證各員役姓名以防詐偽今解止是首級
於例未合恐有詐偽況其餘黨又未見斃說下
落俱礙奏
聞已將功級暫發欽州收候查明另行發往近邊地
方梟示并將原差來官目阮盤等量行犒賞遣
發回還及行南寧太平二府各掌印官會同督
備龍憑地方指揮移文附近長慶諒山等府衛
傳諭莫宏瀷備查原解報擒斬獲逆賊范子儀

潘維則黄祖逖各首級是否真正因何俱無小
功及原擒斬獲各的是何首從見證員役姓名
有無詐僞明白開報幷行分巡左江道行會分
守幷參將官督行查報去後今據前因臣會同
鎮守兩廣地方總兵官征蠻將軍太保兼太子
太保平江伯陳　議照自古夷狄疆場之患雖
堯舜之世不能無惟在我有以驅而誅之則已
矣未有能使其主自爲擒斬而又函其首來獻
者也前交賊范子儀等數犯欽州衆號數萬雖
該都指揮俞大猷敗其徒黨擣其巢穴然渠魁

多逃餘賊尚衆我師雖銳有乘勝之氣然拘於
夷夏之界未敢窮追若使其孽本一日未除則
欽厪之患一日未已今安南都統使司見行勘
襲都統莫宏瀷乃能遵照臣等節行傳諭督率
官兵將范子儀等擒獲又遣使並函其首來獻
大憝既除餘黨就戮諸所脅從又俱已招安復
業既經該府備等官駁查明實地方之患盡平
軍民之恨已雪是皆仰賴我
聖天子在上
聖德神功與天道並運故能使遠裔服屬之臣奔走

職事於窮荒千萬里之外罔敢逸豫敬畏
天威於不違顔咫尺之間罔敢隕越實古今之曠典
也所據莫宏瀷趁事之勤恭順之篤似應量行
奬賞以勵將來但承襲事情見勘未結如蒙乞
勑兵部再加查議應否候莫宏瀷結勘明白承襲之
日量加奬賞以柔遠人而尊
國體係干
恩典恭候
聖裁緣係擒斬獲叛賊事理未敢擅便爲此具本請
旨

交黎勦平事畧卷之三

嘉靖二十年　月　日